Otto Abt

Sommerklangspiele

Haiku / Senryu

Für Frau Susanna Bummel-Vohland

Bibliografische Information der Deutschen Nationalbibliothek
Die Deutsche Nationalbibliothek verzeichnet diese Publikation in der Deutschen Nationalbibliografie; detaillierte bibliografische
Daten sind im Internet über http://dnb.dnb.de abrufbar.

© 2017 Otto Abt
Umschlaggestaltung nach Collagen von Jiri Kolar, Tschechien und
Thomas Vance, USA
Herstellung und Verlag: BoD – Books on Demand
ISBN 978-3-7448-4213-6

Poesie ist die
Oase der Einkehr in
einer Welt von Hass

Vorwort

Sommergedichte gibt es in Europa zahlreich. Sie beschreiben die Schönheiten der Natur zu dieser Jahreszeit. Allen gemeinsam ist, dass sie von Phänomen zu Phänomen eilen, ohne sich lange dort auf zu halten. Sie haben eine große Menge verschiedener meist positiver Eindrücke zum Ziel ihrer Schilderung.

Beim Haiku ist das anders. Der Verfasser verweilt bei einem ausgewählten Objekt, lässt es in seiner ganzen Fülle auf sich wirken und sich dadurch bereichern, um es hernach in einer Form kunstvoll zu präsentieren. Die Gesamtheit der Eindrücke und Beziehungen nur des Einzelnen wird ausgeschöpft, wobei auch die Gestaltungskraft des Lesers, der seine eigenen Erlebnisse und Vorstellungen einbringt, in diesem Prozess mit eingebunden ist. In nur drei Zeilen mit jeweils 5-7-5 Silben werden wir zu intensivem Erleben eingeladen. Dabei werden die mannigfaltigen Wahrnehmungen auf das Wesentliche hin konzentriert.

Haiku ist also kein flüchtiges Vorbei-huschen an den einzelnen Erscheinungen sondern phantasievolles Beschäftigen mit dem Ausgewählten. Diese dichterische Form verweist auf die Meditation, bei der sich das Wesen der Dinge und deren Stellung im Gesamten offenbaren. Man steht der Natur in ehrfürchtiger Betrachtung gegenüber.

Die ersten Haiku wurden mehr als Gesellschaftsspiel in Japan verwendet. Daraus entwickelte sich eine buddhistische Kunstform höchster Qualität.

Das Senryu ab S. 57 gibt eine Meinung des Verfassers wieder und hat die gleiche Form wie das Haiku.
Der Verfasser möchte als Europäer seine eigene, abendländische Version hinzufügen, ohne den anspruchsvollen Aspekt asiatischer Formgebung aus den Augen zu lassen. Dabei hat er zuweilen die japanischen Regeln bewusst außeracht gelassen, um die poetische Aussage in der gewählten Form frei entfalten zu können.

Ob sein Schaffen dem ästhetischen An-
spruch genügt, möge der Leser beurteilen.

Siegen im Sommer 2017
Der Verfasser

Summertime-Klänge
queren den Weg, ich summ sie
und bin in Eden

Kaskaden aus Licht
tanzen im Jubel zu Tal
verströmen beschwingt

Der Südwind berührt
die Saiten meines Herzens
bringt sie zum Schwingen

Der See schläft im Arm
der Berge, sorglich umhüllt
vom Flor aus Frühdunst

Strahlenfinger der
Sonne kraulen sanft den Teich
im Morgenschwaden

Nebelfratze schreckt
die junggrünen Baumwipfel
Dahinter kämpft Licht

Die Teichrose wächst
hoffend aus Tiefen empor
schlägt die Augen auf

Die Königskerze
flammt, schaukelt im Amsellied
trunken vom Sommer

Mit Glanz bestreute
Wiesen funkeln in Blumen
preisen den Tag

Zitronenfalter
spielt mit Blau über Wogen
im Löwenzahnfeld

Ein Rosenstrauch blüht:
Die Fontäne in rot füllt
den Sommer mit Duft

Kecke Baumtriebe
wiegen sich froh in Lüften
ihr Halt ist der Stamm

Strahl vom Firmament
mag das reife Weizenfeld
die Lerche freut sich

Das Lied der Lerche
erklingt ohne Applaus. Doch
sie singt, ist glücklich

Waldweg mündet im
Blumenmeer, schwimme darin
lass Dich beglücken

Sitzend auf der Bank
umrahmt vom Blütengezweig
genieß ich den Tag

Kleefeld in Blüte

harrt der Bienen, vergeblich

warum fehlen sie?

Zerfetzte Wolken
jagen sturmgepeitscht heran
verdüstern den Tag

Gewitterfront droht
Windböen wirbeln roh durch
so heitere Flur

Greller Feuerschein
zersprengt jäh den Wolkenwust
mit Schreckensschreien

Der Blitz durchfurcht den
Fichtenwald mit scharfem Strahl
quält ihn mit Flammen

Donnerschlag: ein Baum
kracht brennend hernieder auf
bestürztes Leben

Birkengruppe senkt
in der Glut die Häupter, gleich
Trauernden am Grab

Die Schuhe stehen
vor Deiner Haustür, nimm sie
entdecke die Welt

Der Kirchturm schaut froh
weist wie die Blütenknospe
zum Blau des Himmels

Der Fliederstrauß dort
auf dem Altar predigt von
der Schönheit Gottes

Nymphenburg, München
Die heiteren Fassaden
umarmen den Gast

Munter stolpert der
Bach, tätschelt frech die Ufer
quirlt durch die Auen

Pracht der Berggipfel
Größe der Natur, der Blick
wurzelt im Fernen

Kevelaer*, Gebet

schwebt in Weihrauchbahnen, Gott

hilft den Bedrückten

---

*Wallfahrtsort am Niederrhein

Windmühle breitet
weit die Arme aus, grüßt die
Brise, schafft Neues

Fenster der Kirche
Hochzeit von Dunkel und Hell
in farbiger Glut

Nasses Nebeltuch

klebt kalt auf der Haut, zwängt mich

in ein Eisverlies

Regengrauer Tag

drückt aufs Gemüt, doch er bringt

reichliche Ernte

Wassertropfen an
der Scheibe: Perlen glitzern
die Sonne schmunzelt

Spielende Kinder
auf dem Weg: Lachen, Rufen
Was bringt die Zukunft?

Sprache, Brücke zum
Leben, hüllt mich in Wärme
Freude sprudelt auf

Der Monsun weht lind
weit über Länder meine
Träume hin zu Dir

Kyoto, Japan
Ein Tempel west in Stille
geleitet zum All

Flugzeug hoch in den
Lüften führt mich ins Ferne
zur Insel Java

Bronzegongs hängen
vor tiefgrünem Bambus dort
Kunst prägt die Natur

Tief atmet der Gong
haucht Stärke in die Musik
schenkt Kraft den Menschen

Das Cilempung* streut
glitzerndes Silber, Sterne
ins Gamelanspiel

---

*zitherartiges Instrument des javanischen Gamelanorchesters

36

Reispflückerinnen
auf dem Feld scherzen, lachen
winken froh mir zu

Plaudern in Java:
locker Wortklang genießen
im Gespräch baden

Der Büffel erfreut
sich im Wassertümpel; Bild
vom einfachen Glück

Nacht am Toba See*:

Sternenpracht füllt mich mit Glanz

das All öffnet sich

---

*großer vulkanischer Bergsee in Sumatra

Durchdrungen von Licht
segele ich auf Wolken
hinweg zur Heimat

Die frische Brise
nach dem Sommerregen schenkt
Tatkraft im Leben

Ein Strahlenbouquet
in Akkorden jubelt hell vom
Himmelsgefilde

Ein Käfer krabbelt
durch das Gras. Er geht seine
eigenen Wege

Augusthitze, der
Fichtenwald streckt die Zweige
nach dem Luftstrom aus

Durch den dunklen Forst
schaut ein Pulk Fachwerkhäuser
wie Kinder mich an

Frische Tannzapfen
grüßen im Glanz des Mittags
Das Christkind lächelt

Der Birnbaum harrt auf
den Wanderer, lockt ihn mit
süß schmelzender Frucht

Tanz der Falter in
Lüften, seliger Sommer
tröstet bei Trauer

Am Waldrand: Schatten
turteln auf weißem Sandweg
necken sich beim Wind

Das Spiel der Blätter:
schimmernde Spiegel am Baum
launiges Klimpern

Dort steht die Bank,
auf der ich manch Haiku schrieb
einsam am Waldrand

Erinnerungen
schwimmen in Wolkenschiffen
heran, süße Fracht

Bö weht in Wogen
Musik von weither mir zu
stimmt mich in Wehmut

Das Cello singt die
Weisen menschlicher Seele
ergreift die Herzen

Friedhofsglöckchen ruft
durch blühende Sommerpracht:
Memento Mori*

---

*erinnere Dich an den Tod

Harfengezweig tönt
sanft in lauer Dämmerung
mit Liebesliedern

Die Kirchenglocken
hüllen das müde Land in
tief atmenden Schlaf

Dunkelheit umfängt
uns mild nach des Tages Glut
schenkt Kühlung, Ruhe

Kristallgewebe

des Gestirns prangt gleißend in

der Nacht, reißt mich mit

Zwei Greise sehen
sich, lächeln voller Eintracht
gebrauchen kein Wort

„Meine Sehkraft hat
im Alter stark gelitten"
„Putz Deine Brille!"

„Moderne Zeit: kein
Vogelsang mehr!" „Schalte doch
Dein Hörgerät ein!"

O

Junger Dichter schreibt
geht neue Wege, die Kunst
gewinnt immer Raum

Dein Umkreis voller
Wunder: Habe die Muße
sie zu entdecken

Gottvertrauen ist
wichtiger als unsere
enge Erkenntnis

Gott liebt dich mehr als
du dich selbst, so vertrau Ihm
lass Ihn gewähren

Heiterkeit gründet
im Gottvertrauen. Es ist
schwer zu erlernen

Wenn das Finstre kommt
sei Dir gewiss, jetzt trägt Dich
Dein rettender Freund

Der Mensch versteht kraft
seiner Vernunft nur einen
Teil der Wirklichkeit

Siebzehnter August*:
javanische Weisheit zeigt
sich der ganzen Welt

Weisheit aus Java:
Bei etwas Falschem suche
zuerst bei Dir selbst

---

* Der Nationalfeiertag Indonesiens zum Gedächtnis an die
Befreiung von den Niederlanden

Du bittest Gott um
eine Rose. Er schenkt Dir
einen Kaktus. Doch

sei nicht verzagt, am
Ende erblüht er schöner
noch als die Rose*

---

* nach der Überlieferung der Familie Sunan Kalijaga,
Kadilangu/ Java

Durchsicht, Weitsicht und
Einsicht sind die Geschenke
des Alters: Danke

Glanz von Ewigkeit
schenke dem Alter Würde
und Gelassenheit

Lass Dich durchströmen
von der göttlichen Liebe
welche nie versiegt*

Otto Abt, Mitglied des FDA, lebt in Siegen. Er wurde 1931 als Sohn einer Lehrerfamilie in Stenden (Kerken/Niederrhein) geboren.

Nach dem Abitur in Borken/Westf. besuchte er die damalige Pädagogische Akademie in Essen-Kupferdreh, wurde Lehrer im Siegerland und beendete 1993 den Schuldienst als Rektor.

Bereits während der Gymnasialzeit beschäftigte sich der Autor mit asiatischer Kultur und vertiefte später sein Wissen an der Universität Köln und während zahlreicher Asienreisen. Er erhielt eine Ausbildung im Handpuppenspiel durch Friedrich Arndt, dem Vertreter der Hohensteiner Kasperlebühne in der Bundesrepublik Deutschland. Heute ist er Lehrer für Tai Chi und Marga Luyu 151 (eine javanische Geheimkunst).

Otto Abt gründete 1991 zusammen mit seiner Frau, einer Indonesierin, das Siegener Gamelan-Orchester, das ihnen privat gehört und authentische javanische Musik spielt. 1998 brachten sie ihre erste CD heraus. Abt ist Mitbegründer und Vorstandsmitglied der Deutsch-Indonesischen Gesellschaft Südwestfalen e.V.

Herr Friedhelm Schick, Kreuztal, bearbeitete Abts Kompositionen und führte diese mit dem LSD-Quartett (Lahn, Sieg, Dill) seit dem 13.09.2015 während mehrerer Konzerte im Siegerland erfolgreich auf.

Bisher veröffentlichte Otto Abt 15 Bücher:

1999 *Aufbruch, Unterwegs, Abschied*, Gedichte;
Verlag Arthur Göttert

2001 *Von Liebe und Macht - Das Mahabharata
neu erzählt*; Horlemann-Verlag

2001 *Schon schimmert Licht*, Gedichte; Verlag
Arthur Göttert

2002 *Gamelan aus Java - Zum Verständnis der
Musik*; Videel-Verlag

2003 *Botschaft der Hoffnung und Freude - Das
Ramayana neu erzählt*; Horlemann-Verlag

2005 *Worte aus der Stille - Haiku/Senryu*; Durch-
blick-Verlag Siegen

2007 *Juwelen aus dem Regenwald - Panji und Se-
kar Taji*; Horlemann-Verlag

2008 *Der Alltag ist spannend - Ein Kaleidoskop
aus Erlebtem, Reflektiertem, Erdachtem*;
Triga Verlag

2009 *Herbstblätter - Haiku/Senryu*; Deutscher
Lyrik Verlag

2010 *Auch das ist Islam - Sunan Kalijaga, der
große Apostel aus Java*; Triga Verlag

2010 *So war es im Siegerland - 50 Jahre Mäckes*;
Durchblick-Verlag Siegen

2011 *Gelebter Augenblick - Haiku/Senryu*; Durch-
blick-Verlag Siegen

2014 *Verborgene Weisen - Haiku/Senryu*; Durch-
blick-Verlag Siegen

2016 *Schwester Natur – Haiku/Senryu*; Eigenver-
lag

2017 *Sommerklangspiele – Haiku/Senryu*; Eigenverlag

Veröffentlichungen in verschiedenen Medien:

Berthold Damshäuser (Hrsg.): *Orientierungen. Zeitschrift zur Kultur Asiens.* Heft 2, 1997; Universität Bonn

Bibliothek Deutschsprachiger Gedichte, Ausgewählte Werke IX u. X. München: Realis Verlag 2006/07

Frankfurter Bibliothek der Brentano Gesellschaft Frankfurt/M: *Das Neue Gedicht 2004*

Prof. Dr. Udo Tworuschka et al. (Hrsg.): *Religiopolis. Weltreligionen erleben.* Stuttgart: Ernst Klett Verlag 2004/05

verschiedene Ausgaben des *Südostasien Magazin* ab 2007; Hrsg.: Dr. Frank D. Wickl u. Sabine Miehlau

KORA-Kalender 2007, Haiku

Ein kleines Buch voll Liebe. Stuttgart: Pons-Verlag 2009

Berthold Damshäuser und Michael Rottmann (Hrsg.): *Wege nach - und mit - Indonesien.* Berlin: regiospectra-Verlag 2015

Panji - Wiederbelebung eines javanischen Kultur-erbes. In: Kita. Magazin der Deutsch-Indonesischen Gesellschaft Köln. Nr. 1/2015

durchblick Autorenzeitschrift; Durchblick-Verlag Siegen: 1/2015; 3/2014; 4/2013; 2/2012; 3/2011

weitere Informationen zum Autor finden sich u.a. auf Wikipedia, im Kürschner Deutscher Literaturkalender (seit 2002), im Deutschen Schriftstellerlexikon des BDS (seit 2004), in der Presseübersicht der Deutsch-Indonesischen Gesellschaft Südwestfalen e.V., im Kulturhandbuch des Kreises Siegen-Wittgenstein, im Katalog der deutschen Nationalbibliothek sowie in der 13-seitigen Abhandlung *Javanische Kultur in der Gedichtsammlung von Otto Abt* von Yati Sugiarti, UNY Yogyakarta, anlässlich der Germanistentagung 2010 in Indonesien.

Meinem erfahrenen Kollegen Herrn Crauss möchte ich für seine literarische Hilfe bei der Entstehung dieses Büchleins ganz herzlich danken.